SAINT-GILLES-SUR-VIE

LA CHATELLENIE

ET

SES SEIGNEURS

PAR

L'ABBÉ PONTDEVIE

Aumônier du Lycée de la Roche-sur-Yon

> J'ai une particulière affection de parler
> des antiquités du pays où j'ai prins ma
> nativité.
>
> Jean BOUCHET.
> *Annales d'Aquitaine.*

LA ROCHE-SUR-YON

D. SERVANT, IMPRIMEUR DE LA SOCIÉTÉ D'ÉMULATION

1885

SAINT-GILLES-SUR-VIE

LA CHATELLENIE

ET

SES SEIGNEURS

PAR

L'ABBÉ PONTDEVIE

Aumônier du Lycée de la Roche-sur-Yon

LA ROCHE-SUR-YON

IMP. SERVANT, IMPRIMEUR DE LA SOCIÉTÉ D'ÉMULATION

—

1885

Extrait de l'*Annuaire de la Société d'Émulation de la Vendée*,
32ᵉ année, 1885.

SAINT-GILLES-SUR-VIE

LA CHATELLENIE

ET

SES SEIGNEURS

Enclavé entre « la mer Océane » et les forteresses féodales de Rié, de Commequiers, Apremont, la Chaise-Giraud, le territoire de Saint-Gilles eut la bonne fortune, au moyen-âge, de n'avoir aucune importance militaire. Au confluent de la Vie et du Jaunay, point de tours démantelées, point de donjon en ruines. Ce qu'on appelle encore le *Château*, est une simple habitation seigneuriale édifiée par l'un des châtelains du XVIIᵉ siècle sur l'emplacement d'un petit manoir ou hôtel noble plus modeste encore (¹).

Dans le pourtour de l'église paroissiale, le sous-sol renferme cependant de vieilles substructions mais d'une époque antérieure à la féodalité.

Une tradition locale racontait que l'église est cons-

(¹) Au moyen-âge, la terre de Saint-Gilles ne comportait point les droits de fortifications. Vers la fin du XVIᵉ siècle, dans une seigneurie voisine, messire Jean de la Tousche, sous prétexte d'architecture et d'embellissements, exagéra si bien les constructions de son hôtel de Laudardière que le manoir nouveau, avec ses tours, ses douves, son pont-levis, paraissait viser au château-fort. Le haut et puissant suzerain d'Apremont s'empressa d'arrêter les travaux de son prétentieux vassal, le faisant souvenir qu'il *n'avait droit qu'aux simples fortifications nécessaires à sa défense et à celle de sa famille.* C'est ainsi que le château de Laudardiére est resté inachevé. (*Papiers du Fcnouiller,* Archives de la Vendée.)

truite sur des douves. D'après ces données incomplètes, longtemps nous avions cru à la préexistence, sur ce point de la grève, d'une prairie entourée de ces viviers d'eau de mer ou douves à poissons qui bordent le lit de la rivière de Vie. L'antique légende nous réservait une surprise : ce n'était rien moins qu'une enceinte fortifiée, au temps des grandes invasions maritimes, dont elle avait gardé le souvenir. Des fouilles exécutées à différentes époques, pour des constructions voisines, ont rencontré le mur de la contrescarpe nord ; l'escarpe opposée ou talus intérieur a subsisté jusqu'à ces dernières années, au milieu de la rue, parallèlement à l'église ; en partie démolie en 1835 par l'entrepreneur Desainte (¹), elle a fini de disparaître dans le nivellement de cette rue, sous l'administration de M. Messager, maire de Saint-Gilles. La contrescarpe de l'est se voit encore dans les caves de la maison Besseau et va se raccorder, par un talus taillé dans le rocher, à la contrescarpe sud. C'est dans ce talus schisteux que l'on découvrait, il y a quelques années, des cavernes creusées à une époque très reculée. Les uns y ont vu de petits souterrains-refuges du temps des excursions normandes, les autres les retraites primitives de nos vieux pêcheurs celtes ou gaulois (²).

(¹) Une lettre de M. Desainte au maire de Saint-Gilles demande l'autorisation « d'extraire les pierres d'un vieux mur entre les maisons « Brumault et Morineau et l'église et qui longe cette dernière depuis « la halle jusqu'à la sacristie ; ce mur présentant à sa superficie des « têtes de chat et un pavé irrégulier et incommode aux piétons et aux « voitures. » L'indestructible muraille résista aux coups de pioche et aux efforts du pétitionnaire qui, ne se trouvant pas suffisamment indemnisé par les quelques matériaux des démolitions, abandonna son œuvre. (*Archives de la mairie de Saint-Gilles.)*

(²) En creusant un puits, près de la paroi de l'escarpe, des ouvriers rencontrèrent, à 4ᵐ50 du sol de la rue, l'entrée d'un souterrain fermée de grosses pierres, posées à froid. Bientôt ils eurent accès dans une excavation creusée de main d'homme, à l'aide d'un instru-

La ligne des fossés se retrouve pareillement sous les maisons qui les ont envahis, et les amorces de l'escarpe étaient récemment mises à nu sur une assez grande étendue dans la reconstruction de l'église.

Les terres de remblai ont une épaisseur de 9 mètres ; à cette profondeur, on rencontre la roche vive : c'est l'ancien lit de la douve en contre-bas de celui de la rivière ; les eaux de la marée pouvaient donc y affluer chaque jour.

C'est dans cette enceinte, qu'au premier signal d'une nouvelle invasion, se retranchait la partie robuste de la population pour s'opposer au passage de la Vie, tandis que les femmes, les vieillards et les enfants se précipitaient affolés vers les souterrains-refuges de la Cour-Rouge, de la Crochetière et de Romangui.

Nous attribuons ces travaux de défense aux religieux venus du lointain monastère de Saint-Gilles de la Vallée flavienne en Languedoc, fonder une colonie jusque sur nos côtes. Pour se protéger contre les descentes annuelles

ment peu tranchant, dans un roc schisteux à lamelles blanches et argentées : profondeur 4 mètres, largeur moyenne 2 mètres, hauteur 1^m80, parois de la grotte revêtues de concrétions pierreuses ou de stalactites jaunâtres. La paroi du fond, à une hauteur de 0^m50, formait saillie ; sur cette saillie était pratiquée une rigole ou petit bassin horizontal de 0^m10 de profondeur sur 2 mètres d'étendue, incrusté de cristallisations. Un léger éboulement, à la paroi de gauche, indiquait l'existence d'une seconde cellule souterraine ; par l'ouverture agrandie, on pénètre dans une nouvelle excavation de 4 mètres carrés, avec entrée pareillement murée d'énormes pierres sur le bord de la douve. Deux de ces pierres portant des cannelures plates avaient servi d'entablement à un ancien édifice. Au milieu de ces grottes gisait une couche de terres rapportées dans lesquelles on a trouvé des objets d'une époque relativement récente, une trompette en argile, brisée et quelque peu émaillée, un boulet en fonte d'un très petit diamètre, etc...

Dans la première des cavernes, deux gonds étaient scellés à l'entrée sur lesquels avait dû se mouvoir une porte de fer.

des Normands, ils avaient fortifié leur prieuré comme les habitants de Bouin l'avaient fait pour leur église et les moines d'Hério pour leur abbaye de Saint-Philbert.

Lorsque la cession de l'une des belles provinces de France eut débarrassé nos côtes des cruels hommes du nord, lorsque les voiles des pillards et des incendiaires n'apparurent plus, à chaque printemps, comme pendant tout un siècle, sur la rade de Perrourse (¹), le parapet des escarpes fut démoli et les douves remblayées devinrent le lieu de sépulture des habitants de Saint-Gilles.

« Des travailleurs de la mer, » nautonniers ou pêcheurs, les serfs, les manants, les censitaires ou petits estagiers (²) avaient bâti leurs maisons le long de la grève et sur la rue Bournoya (Bourgneuf), les groupant de préférence autour de l'antique prieuré de « Monseigneur saint Gilles. » Au XIVᵉ siècle, les papiers de la fabrique signalent, disséminées dans les différents quartiers du hameau maritime, quelques habitations plus spacieuses, entourées de vastes granges et de servitudes champêtres : ce sont les *houstels* ou maisons nobles, la cour de Saint-Gilles, l'hôtel du Bois, celui de la Charoulière, les hébergements des Eveillard, des Mauclerc, des Montausier, etc... Dès le XIIIᵉ siècle, nous voyons que le *domaine utile* de plusieurs terres importantes de Saint-Gilles appartenait aux seigneurs d'Aubigné (³), et, plus tard, à leurs ayant-cause, les

---

(¹) L'îlot de *Perrourse* (pierre rousse). Garcie-Ferrande, dans son *Grand Routhier de la Mer* : « Et de la Barge va au nord nord-est et tu iras querir Sainct-Gilles et une île qui est devant, lequel on appelle *Perrourse.* » Aujourd'hui, par corruption, le rocher de *Pilourse.*

(²) D'*Estagium*, domaine tenu à cens ; on dit encore, à Saint-Gilles, les petits *estagers* pour les colons ou petits propriétaires.

(³) « A tous les fidèles de J.-C. qui verront ces présentes lettres « savoir faisons que nous Aimeri d'Aubigné, chevalier, avons donné « et concédé à Dieu, à la Bienheureuse Vierge, à l'abbaye de Notre- « Dame du Bois-Grolland, ainsi qu'aux religieux qui y servent Dieu,

sires de la Muce, châtelains de la Chaise-Giraud, qui les inféodèrent à la famille des Montausier (¹).

I. — Les vicomtes de Thouars.

Le mouvement du port et les transactions commerciales ne tardèrent pas à faire établir à Saint-Gilles un siège de justice seigneuriale. Cette châtellenie, sans seigneur propre, paraît avoir appartenu primitivement aux vicomtes de Thouars. C'est en effet le sceau des vicomtes de cette illustre maison que l'on trouve invariablement au pied des contrats passés à Saint-Gilles dès le commencement du XIVᵉ siècle. Ce droit fiscal, ils paraissent n'en avoir pas joui seulement en qualité *de suzerains*, mais encore comme *seigneurs directs* de Saint-Gilles. Les seigneurs supérieurs avaient pris, il est vrai, pour eux, en Poitou, le droit d'avoir *scels aux contracts* dans les châtellenies de leurs vassaux (²), mais une pièce de 1417 semble établir péremptoirement que le *domaine direct* sur le territoire de Saint-Gilles appartenait aussi en réalité aux vicomtes de Thouars, sans doute à cause de la principauté de Talmont qu'Aliz de Mauléon leur avait apportée en dot peu de temps auparavant :

« Lundi 10 juillet 1417. — Aulcuns espagnols avoyent

« et cela en perpétuelle aumône, pour le salut de notre âme et de celles
« de nos père et mère une mesure de froment *(quarterium frumenti)* à
« prendre dans notre aire de Saint-Gilles-sur-Vie,..... nonobstant
« toute réclamation soit de nous, soit de nos héritiers et ayant-cause.
« Donné, l'an de N.-S. M. C.C. XLVIII. »

(Cartulaire de Bois-Grolland.)

Cette terre du sire d'Aubigné est la *Court du Bois et fief des Vavasseurs* qui, en 1646, rendait aveu à Madeleine de Bueil, dame de baronnies de Brandois, la Mothe-Achard, châtellenie de la Maurière, etc·

(¹) *Aveu des Montausier*. Archives particulières.

(²) *Coutume de la comté de Poitou*, art. 3. — Poitiers 1683.

« faict prinses sur les Brethons, près Thalmond, et ils
« voulaient emmener les navires et piller le pays. A ceste
« cause, les officiers du dict seigneur équipèrent navires
« et furent prins les dicts Espaignols et amenés *au hâvre*
« *de Saint-Gilles du vicomte de Thouars* ('). »

En outre, dans le dénombrement des châtellenies appartenant aux mêmes vicomtes, sous Louis d'Amboise, figure la châtellenie de Saint-Gilles (²).

Nous ne citerons parmi les hauts et très puissants seigneurs de notre humble châtellenie que ceux dont le sceau est mentionné dans les papiers de la Fabrique :

1318, vendredi, enprès la saint Paul. — Seyel de noble homme Monsir Jehan, vic. de Thouars, estably à Saint-Gilles-sur-Vye (³).

Jean I⁣er, armé chevalier par Philippe-le-Bel, à Paris, le jour de la Pentecôte, et qui épousa Blanche de Brabant.

1347, le vendredi enprès la saint Nicolas d'hyver. — Scel estably aux contracts à Saint-Gilles-sur-Vye pour monseigneur de Thouars (⁴).

Louis I⁣er. Il s'empressa d'aller au secours du roi Jean, à

(¹) Papiers de l'*Amirauté patrimoniale de Talmont*, aux Archives de la Vendée.

(²) *Histoire du Poitou*, par Thibaudeau, t. I.

(³) Bail consenti par les procureurs de l'église de tous les prés appartenant jadis à Mᵉ Morméa, ancien gouverneur de l'église de Saint-Gilles ; les dits prés assis entre le pont de la Chaise-Giraud et les vignes de la Blande.

(⁴) Don à la fabrique du fief de la Noue et des Arbalestriers entre le *Pas-au-Peton* et la Ganarchie, paroisse du Fenouiller, relevant de Maynard-Jaudonnière, seigneur de la Roussière, par Hilaire Copard et Heutesse, sa femme demeurant à Saint-Gilles.— Le *Pas-au-Peton*, dès le xivᵉ siècle. Ce document, d'une authenticité non douteuse, démontre s'il faut ajouter foi à la légende si accréditée faisant dénommer ce lieu-dit par Henri IV.

Poitiers, et fut mis *au nombre des 300 chevaliers les plus preux de tout l'ost.* L'issue de la malheureuse bataille fit passer la vicomté de Thouars et ses dépendances sous la dénomination anglaise. Une tradition locale, qui avait cours en 1822, rapportait que l'église de Saint-Gilles avait été bâtie par les Anglais ([1]). Le clocher et la chapelle de la Sainte-Vierge témoignent, en effet, avoir été bâtis au XIVe siècle. Le chevet de la nef principale, dernièrement démolie, était de la même époque.

1351. — Même sceau.

1356, *jeudi après la saint Vincent. — Scel jadys estably aux contrats, à Saint-Gilles-sur-Vie, pour Mgr de Thouars* ([2]).

1369, *vendredi après la sainte Catherine. —* Id.

Louis, vicomte de Thouars, succomba, l'année suivante, 7 avril 1370, au château de Talmont.

1382, *le dimanche après la translation de saint Nicolas. — Scel jadis estably à Saint-Gilles pour Mgr le vicomte de Thouars.*

Au décès de Louis Ier, la vicomté de Thouars tomba en quenouille. Péronnelle, sa fille, veuve d'Amaury de Craon, épousa en secondes noces Clément Rouhault de Bois-ménard, dit *Tristan le Voyageur.* — La famille Rouhault portait *de sable à 2 léopards d'or l'un sur l'autre.*

([1]) Lettre du maire de Saint-Gilles, M. Donatien Giron, à Mme la comtesse de Mercy, en lui adressant un portrait de Mgr de Mercy, évêque de Luçon, que possédait M. l'abbé Dorion, curé de Saint-Gilles. (*Archives particulières.*)

([2]) Ferme d'une pièce de terre appelée le pré des Marates, fief du Fenouiller, et d'une pièce de vigne, sous la Bouguenière, même fief, et de 13 aires de marais-salants, avec leurs métières, qui appartinrent autrefois à feu Michau Letouzeau; la dite ferme consentie par Laurent Eveillard et Raoul Gonet, procureurs et chevéciers de l'église, à Pierre Mauclerc, valet.

1393. — *Scel estably à Saint-Gilles pour madame la vicomtesse de Thoars, comtesse de Benon et dame de Thallemont.*

Péronnelle, veuve de Tristan. Avec elle s'éteignit (1397) la branche aînée de Thouars qui possédait la vicomté depuis six siècles.

1399. — *En court du scel estably à Saint-Gilles-sur-Vie pour Mgr d'Amboise, vicomte de Thouars et comte de Benon* (Papiers de la Fabrique.)

La vicomté de Thouars venait de passer dans la famille d'Amboise, héritière de Péronnelle. C'est le sceau de Pierre II d'Amboise, fils d'Isabeau, sœur de Péronnelle, qui est mentionné aussi aux contrats passés à Saint-Gilles dans les années 1402, 1403, 1412, 1413. Pierre d'Amboise mourut en 1426. Le blason des d'Amboise était *pallé d'or et de gueules de six pièces.*

1429, 7 juillet. — *Scel estably à Saint-Gilles pour Mgr le vicomte de Thouars.*

C'est l'infortuné Louis d'Amboise dont le riche apanage excita la cupidité de deux rois de France. A l'occasion des deux confiscations successives de la vicomté de Thouars, certaines seigneuries vassales paraissent être sorties de la mouvance directe de Thouars ; la baronnie d'Apremont, qui plus tard entend ne relever que du roi, annexe, à cette époque, la châtellenie de Saint-Gilles à son domaine direct. Un contrat du 20 décembre 1433, est revêtu du scel de Monseigneur d'Apremont, *seigneur* du dit lieu et de *Saint-Gilles-sur-Vie.* Louis d'Amboise ne laisse pas périmer ses droits et revendique, dans un acte du 21 mai 1437, le titre immémorial de *seigneur de Saint-Gilles-sur-Vie.* Ses droits de suzerain étaient au moins incontestables.

Les barons d'Apremont continuent nonobstant d'affirmer leurs prétentions ; et un contrat de l'année suivante,

20 septembre 1438, est scellé du sceau establi en la châtellenie d'Apremont par Mgr Jean de Rochechouart, *seigneur* du dit lieu et de *Saint-Gilles-sur-Vie.*

Même mention en 1446, 1453, 1515 et ultérieurement d'une manière définitive.

Quant à leur vieux *scel ès contrats,* les vicomtes de Thouars persistèrent à le maintenir à Saint-Gilles ; mention en est faite encore, à la fin du xvie siècle, quand les notaires jurés de la court d'Apremont instrumentaient depuis longtemps en la châtellenie de Saint-Gilles où ils avaient leur résidence ([1]).

II. – Les barons d'Apremont.

C'est au nom de Jean de Rochechouart, seigneur d'Apremont, que le titre de *seigneur de Saint-Gilles* paraît pour la première fois en 1433. Son père, Louis Ier, vicomte de Rochechouart, était devenu baron d'Apremont par son second mariage avec Isabelle de Parthenay, dame d'Apremont et héritière de cette baronnie ([2]).

([1]) 1539. — 24 juin 1542. — Jehan Jouhet, notaire de la *court du scel estably aux contraicts à Saint-Gilles-sur-Vie pour Mgr le vicomte de Thouars.* (Papiers des Bazinières).

5 mars 1584 — Jehan Barillon et Henri Degounor, notaires de la *court du scel estably aux contraicts à Saint-Gilles-sur-Vie.* (Id.)

L'autorité du sceau seigneurial comme preuve authentique des actes au pied desquels il était apposé était devenue assez faible en Poitou, puisque la *Coutume,* art. 70, exige de plus, pour faire foi, la signature d'un notaire.

([2]) *Histoire de la maison de Rochechouart,* par le général comte de Rochechouart. Paris 1859. 2 vol. in-4°.

Cette histoire mentionne Jacques (et non Jean) de Rochechouart, baron d'Apremont, en 1437. portant *écartelé de Rochechouart et de Parthenay.* — Les papiers de la fabrique de l'église de Saint-Gilles, 1433, 1438, 1446 et plusieurs chartes de Dom Fonteneau, donnent Jean de Rochechouart.

Jean de Rochechouart épousa Marguerite de Montfaucon, dame de Gilardon, et laissa une fille, Isabeau de Rochechouart, qui, par mariage, porta Apremont à Renaud Chabot, seigneur de Jarnac, puis d'Apremont et *de Saint-Gilles-sur-Vie* (¹).

Renaud Chabot eut à souffrir des querelles de Louis XI avec ses grands vassaux. La *ligue du bien public* se relevait ; le duc de Bretagne reprit les armes au commencement de l'année 1468. Trois mille Bretons assiégèrent Apremont, où le baron Chabot avait enfermé des prisonniers qu'il leur avait faits. « Et quand les Bretons furent « devant la dite place, dirent au sieur de Jarnac que s'il « voulait rendre les prinsonniers, qu'ils ne feraient nul « mal à sa terre ne à luy. Et incontinent que Mᵍʳ de Jarnac eut rendu les dicts prinsonniers, coururent sa « terre et prinrent Sainct-Gilles-sur-Vie, et ont pris ainsi « qu'on dict, bien deux cents hommes de villaiges et ont « pillé le dict bourg de Saint-Gilles-sur-Vie (²). »

Le 10 septembre suivant, Louis XI signa avec François II le traité d'Ancenis qui mit fin à ces hostilités.

Renaud Chabot mourut en 1476, vraisemblablement après sa femme, Isabeau, qui fit son testament le 23 août 1473 et fut enterrée auprès de ses père et mère, en l'église de Saint-Martin d'Apremont (³).

L'aîné de ses cinq enfants, Louis Chabot, fut seigneur d'Apremont ; il avait épousé, en 1466, Jeanne de Montbron, et mourut, sans enfants, le 27 juillet 1491 (⁴).

Son frère cadet, Antoine Chabot, qui fut grand prieur

(¹) Papiers de la fabrique 1453-1464.

(²) Lettres de Louis de Belleville, seigneur de Montaigu, à Louis XI, 7 janvier 1468.

(³) *Notice historique sur la maison de Chabot.* Paris, 1834, in-8º.

(⁴) *Notice historique*, id.

de France, ayant renoncé, le 6 juillet 1479, à la succession
de ses frères (¹), un puîné, Jacques Chabot, hérita de la
baronnie d'Apremont. Marié le 15 septembre 1485 avec
Madeleine de Luxembourg, il fut nommé, sept jours après,
conseiller du Roi. Le 2 mars 1491, Jacques et sa femme
se firent un testament mutuel; il mourut avant 1520, laissant trois enfants.

La seigneurie d'Apremont échut en partage à Philippe,
son second fils (²). Il avait partagé, au château d'Amboise, l'éducation forte et brillante de François Ier, dont
il devint le favori. Nommé grand amiral, le 23 mars 1526,
après la bataille de Pavie où *il fit si bien*, dit Brantôme,
pourvu en Italie de commandements importants, il eut le
tort d'irriter par sa hauteur et par son faste François Ier et
sa cour. Il fut traduit devant une commission ; l'un des
chefs d'accusation portait que l'amiral avait, sur ses terres,
et de son autorité, haussé à son profit les droits perçus
sur la pêche du hareng. Nous n'avons pu consulter à ce
sujet les *cahiers d'informations* qui furent recueillis dans
différents ports de mer au cours du procès (³). On le con-
damna à une énorme amende, au bannissement et à la
confiscation de ses biens. Mais le roi ne put résister longtemps aux pleurs de la duchesse d'Etampes dont le grand
amiral avait toujours soutenu le parti dans les intrigues
de cour. Le roi donna à son ancien favori des lettres de
grâce et le rétablit dans ses domaines dont il ne jouit pas
longtemps, étant mort le 1er juin 1543.

C'est Philippe Chabot qui, au retour des guerres d'Italie,
fit construire, sur la plate-forme du vieux château-fort des
barons d'Apremont, le petit palais seigneurial style Re-

(¹) D. Fonteneau.

(²) Le Père Anselme, t. IV, p. 571.

(³) A consulter : *Histoire du chancelier Poyet par l'historiographe
sans gages et sans prétentions.* 1776, in-8°.

naissance, où devait séjourner Louis XIII après sa victoire de l'île de Rié.

L'amiral avait résolu d'augmenter l'importance de son port de Saint-Gilles. En 1520, il fit apprécier la dépense des travaux nécessaires pour faire remonter dans les terres la navigation de la Vie ; il n'eut fallu que 20 mille livres. Ce projet utile fut encore sans effet par le malheur des circonstances (¹).

En 1523, la générosité royale avait arrondi, en Poitou, les domaines de Philippe Chabot en lui donnant les seigneuries de Palluau, Rié, Aizenay, confisquées à René de Brosse, qui avait pris part à la révolte du connétable de Bourbon. Le fils de René, Jean de Brosse, désireux de rentrer dans les domaines de son père, proposa à Philippe Chabot de lui échanger la baronnie de l'Aigle, en Normandie, contre la baronnie d'Apremont pour le faire désister en sa faveur des autres seigneuries. Le traité fut conclu le 3 mai 1542 (²).

Le projet de canalisation fut aussitôt repris par le nouveau seigneur de Saint-Gilles. Jean de Brosse fit venir à Apremont un architecte, Jehan le Florentin, pour lui « montrer par figure còme la rivyère de Vie pourroit porter basteaulx d'Apremont jusquez à la mer (³). » Le 20 septembre 1542, le Florentin lui présenta « la peincte figure, » plan long de près de six mètres, sur parchemin, document des plus intéressants pour l'histoire du pays et, comme nous avons pu le voir, unique en son genre (⁴). « On y trouve tous moulins là où il fauldroit faire répara-

---

(¹) *L'Assemblée provinciale du Poitou*, 1787, vol. in-4°.

(²) Dom Fonteneau.

(³) Légende explicative jointe au plan.

(⁴) Bibliothèque nationale, section de la Géographie. — Nous devons à l'amitié de M. E. Bourloton un *fac-simile* de ce plan ainsi que plusieurs notes utilisées dans ce travail.

« tion, toutes parroysses et villaiges qui sont sur la Vie
« quant ung homme vouldroyt suyvre le bort de la dicte
« rivyère d'enpuys Aspremont jusquez à la mer (¹). »

La dépense fut estimée à deux mille livres, « sans
« compter les réparations qu'il fauldroyt faire au hâvre
« de Saint-Gilles. » Mais Jean de Brosse était un prodigue. Il avait épousé la favorite de François Iᵉʳ, Anne Pisseleu, à laquelle il essayait peut-être de faire oublier les royales magnificences de la plus riche cour du monde. L'avenir de Saint-Gilles fut sacrifié aux embarras pécuniaires de son seigneur d'un moment.

III. — Seigneurs propres.

Jean de Brosse, pressé d'argent, passait sa vie à vendre en détail ses anciens et ses nouveaux domaines. Le 5 septembre 1551, il vendit à dame Marie Maroys, veuve Daniau, d'Apremont, les terres de la forêt de Saint-Maixent, vulgairement appelées les *Bois taillis Achard*, avec une clause de réméré, à laquelle il renonce quatre mois après.

Dans cet autre acte de vente, du 1ᵉʳ janvier 1552, le baron d'Apremont se dessaisit de la seigneurie même de Saint-Gilles.

L'origine de cette nouvelle famille de seigneurs de Saint-Gilles était fort humble : d'honnêtes gens enrichis à la longue par la culture de la terre ou dans les minces charges de notaires ou d'officiers de justice de la baronnie. Les papiers de la Fabrique de Saint-Gilles mentionnent, en 1464, un Jean Daniau, clerc à Apremont, c'est-à-dire homme instruit un peu plus que les autres, père de Guillaume ou ancêtre sans doute. Dans l'acte de vente,

______

(¹) Légende explicative.

Guillaume est qualifié de *Maître* (¹), titre dû à cette époque
à l'obtention de certains grades universitaires ou à l'influence d'une fortune marquante.

Jean de Brosse lui vendit en deux fois, à un an d'inter-
valle, la seigneurie de Saint-Gilles, d'abord ; le 1ᵉʳ janvier 1552, *les droits de seigneurie, propriété et possession
en la terre, seigneurie et chatelanie de Saint-Gilles, pour
la tenir à droicts de moyenne et basse juridiction sous
l'hommage de la baronnie d'Apremont*, moyennant
1200 livres tournois. Ensuite, le 6 novembre 1553, *les
droits de châtel, châtellenie, haute justice*, moyennant
225 livres tournois.

Pour 1425 livres, Guillaume Daniau put donc jouir de
tous les droits de *seigneur de Saint-Gilles* sans en pouvoir prendre le titre, car l'anoblissement n'était attaché
qu'à l'achat d'un franc-fief. Mais il toucha bientôt à la noblesse d'arrière-fief par son mariage avec Perrette Du
Jardin, fille de Pierre Du Jardin, écuyer, sieur de Li-
moulliet (²), dont il eut un fils, Pierre, encore mineur à
sa mort.

Sa veuve se remaria à Julien Mauclerc, seigneur du
Ligneron. Julien Mauclerc, fils de Jehan Mauclerc, seigneur de la Brossardière (³), avait reçu une instruction
distinguée. Après avoir suivi la carrière des armes, sous
Henri II, il se consacra aux beaux-arts dans sa retraite.
On lui doit un volume in-folio, intitulé : *Traité de l'Architecture suivant Vitruve*, 1648 (⁴). Il cultivait aussi l'art de

---

(¹) Le titre de *maître*, au xviᵉ siècle, indique un avocat, un procureur ou un notaire. (Beauchet-Filleau.)

(²) Papiers communiqués par M. le comte de la Poëze.

(³) 1551, 20 décembre. — Jehan Mauclerc, seigneur de la Brossardière, demeurant en son hôtel de la Goronnière, en Bretignolles, fait
le partage de ses biens entre René — Claude — François et Julien ses
enfants. (Archives du château de Beaumarchais.)

(⁴) Voir l'art. Julien Mauclerc dans *Mainard-Mesnard.*

terre et créa une manufacture de *bouteillages* et de vaisselle blanche en s'inspirant des théories artistiques qu'il avait étudiées dans les guerres d'Italie (¹).

C'est pendant la minorité de Pierre Daniau que la Réforme réussit à s'introduire à Saint-Gilles. Son beau-père et tuteur, Julien Mauclerc, qui était un ardent calviniste, n'y fut vraisemblablement pas étranger (²).

Le jeune Pierre Daniau habitait, en 1579, la maison noble de Puy-Sec avec sa mère et son beau-père, lesquels, le 16 novembre de cette année, rendirent un compte de tutelle dont la véracité fut contestée plus tard (³).

Les héritiers de Jean de Brosse ne le laissèrent pas jouir tranquillement des domaines acquis par son père en si bon compte. Des actes de procédure du 12 septembre 1573 et du 21 mars 1578 nous montrent Pierre Daniau actionné, conjointement avec son tuteur, Julien Mauclerc, par Marie de Beaucaire, dame de Rié, en sa qualité de tutrice de Marie de Luxembourg, sa fille, héritière sous bénéfice d'inventaire de Jean de Brosse, dit de Bretagne, puis par Philippe-Emmanuel de Lorraine, époux de Marie de Luxembourg ; c'était *au sujet des choses vendues par le dit duc d'Estampes à Guillaume Daniau pour 1,500 livres, encore que le dit droyt soyt de plus grande valeur pour ce que le dit lieu de Saint-Gilles est un des plus grands ports de mer du Poitou ; de sorte que les dites choses vendues étaient de la valeur de plus de dix mille livres lors de la vendition* (⁴).

Nous ne savons ni à quelle époque ni de quelle manière le procès fut jugé.

(¹) *L'Art de terre chez les Poitevins*, par B. Fillon, p. 138.

(²) *La Réforme à Saint-Gilles-sur-Vie*. Luçon, 1885.

(³) Papiers de la Poëze.

(⁴) Archives particulières.

En 1598, 12 juin, la veuve de Pierre Daniau, Jehanne de la Poëze, est tutrice de Josias Daniau, son fils, et habite son « hostel » à Saint-Gilles.

C'était l'époque où, grâce à la vénalité des charges récemment introduite par les édits, les bourgeois riches qui avaient envie de noblesse, pouvaient acheter de leurs écus des « *savonnettes à vilain.* » Les Daniau étaient riches, il ne leur manquait que le droit d'ajouter à leur nom celui de seigneur de Saint-Gilles. Pierre Daniau s'intitulait déjà modestement *écuyer ;* mais nous savons qu'à la fin du XVIᵉ siècle nombre de roturiers avaient usurpé ce titre (1).

Josias qui, par les alliances paternelles, était déjà quasi noble, acheta une charge de conseiller au Grand Conseil du Roi, et devint par là « Messire Josias Daniau, seigneur de Saint-Gilles. » Il demeurait à Paris, rue Bariert, près et paroisse Saint-Gervais (2). Son fils sera « haut et puissant messire... » Le 23 mai 1618, notre conseiller au Grand Conseil attaque les héritiers (3) du tuteur défunt de Pierre Daniau, son père, prétendant qu'il y avait dans les comptes de tutelle de grandes omissions de recettes ; il ajoutait que, « par lettres du 30 mai 1612, il s'était déjà « fait restituer contre quelques reconnaissances faites par « Pierre Daniau, lors de l'examen du compte de 1579, et « contre la clause du contrat de mariage de son père qui « consentait que Perrette Du Jardin, sa grand'mère, eut « la jouissance de plusieurs métairies (Laumarière, Bois-« Fradin, Pélissonnière et Joustardière) en échange de la

---

(1) Édits de 1579, 1583, 1600.

(2) Papiers de la Poëze.

(3) Charles Joussaume, sieur du Couboureau, en Tiffauges, époux de dame Constance de la Poëze, héritière de dame Oriadne Mauclerc, sa mère, laquelle était également héritière et fille de Julien Mauclerc et de Perrette Du Jardin. (Papiers de la Poëze.)

« rente viagère de 200 livres que feu Guillaume Daniau,
« son aïeul, avait donnée à sa femme par contrat de ma-
« riage. » Un accord intervint entre les parties, le 3 juillet
1619, et le différend fut arrangé à l'amiable.

De 1624 à 1634, Josias Daniau s'associe au refus des ma-
riniers de Saint-Gilles de payer à Mme de Beaucaire les
droits convenus pour les réparations du port, ces travaux
laissant beaucoup à désirer ([1]).

Josias Daniau était catholique comme son père et son
aïeul qui n'embrassèrent point la Réforme malgré l'exemple des gentilshommes du pays. Dans l'un de ses voyages
à Saint-Gilles, il fit dresser, comme fondé de pouvoir du
curé, l'inventaire des archives de la fabrique, recueil pré-
cieux pour la topographie et même pour l'histoire du
bourg au moyen-âge et qui nous a conservé beaucoup
d'actes dont l'original a disparu.

Le 4 octobre 1606, Jean de la Tousche, seigneur de
l'Audardière et de la Motte du Fenouiller, consentait à
Josias Daniau, seigneur de Saint-Gilles, ayant pour procureur Mathurin Redday, sergent à Saint-Gilles, la vente :

1º D'une pièce de terre, située près du bourg de Saint-
Gilles, appelée l'Ouche-Verrot, contenant 3 boisselées,
autrefois plantée en vigne, sujette à 6 deniers de cens envers l'Audardière pour reconnaissance de juridiction ;

2º Du droit de complant et autres émoluments sur
une pièce de vigne appelée *Trois - le - Four*, près du
même bourg, le droit de féodalité envers l'Audardière,
représenté par un devoir de 12 deniers réservé au dit de
la Tousche. La vente est faite en outre pour le prix de
180 livres.

La ratification de l'acte était faite, le 21 octobre suivant,

____

([1]) Archives de la Vendée.

par le seigneur de Saint-Gilles devant les notaires de la Flèche, à l'hôtel des Quatre-Vents (¹).

La cure de Saint-Gilles était médiocrement dotée. Dans son testament, messire Josias Daniau lui fit don de 1,060 livres qui aidèrent plus tard à faire l'acquisition de la métairie de la Joubretière, en cette paroisse (²). Notre châtelain avait épousé Anne de Maupeou, tutrice, en 1632, de leurs deux enfants.

Nicolas Daniau, qui suit, et Anne Daniau (³). Anne de Maupeou habitait alors Paris, rue des Barres, ainsi que nous le voyons dans l'acte de vente (20 septembre 1632) des fiefs Gigaud et de l'Humeau et des deux tiers du fief Callais, que lui consent le sieur Brosseau de la Simonnetière (⁴). Dans un aveu sans date qui lui est rendu par Antoine de Cappe, curé de Saint-Gilles (⁵), il est question du fief du Prieur *annexé ;* il était en effet intervenu une transaction par laquelle les seigneurs jouissaient de ce fief moyennant une rente indiquée dans des actes postérieurs.

On trouve aux archives de la Vendée une *coppie par extrait des droits de grave, foires, etc.*, de Saint-Gilles tirés de la *pancarte et servis par adveu à la baronnie d'Aspremont comme en relevant par feue madame de Maupeou en sa qualité de mère tutrice de messieurs ses enfants* (⁶).

(¹) Archives de la Vendée. — Papiers de Coëx et de la Motte du Fenouiller.

(²) Papiers de la Fabrique.

(³) *L'Armorial du Poitou*, de 1699, mentionne Anne Daniau, veuve de Gabriel Damour, conseiller au Parlement.

(⁴) Archives particulières.

(⁵) *Papiers de la fabrique.*

(⁶) Cette copie fut faite vers 1699 par Mᵉ François Jousbert, notaire et receveur du Château. A cette époque, plusieurs des anciens **droits de grave** étaient périmés.

Droits de grave.

« Plus ay droict aud' nom à cause de la d' Chas^ni^ et
« Seign^rie^ de St-Gilles-sur-Vye de prandre et lever de
« chascun batteau, barque ou aultres vaisseaux venant
« de pescher et entrant en le hâvre et rivyère du dit
« St-Gilles y apportant poissons frais, un poisson à mon
« choix après le plus beau et meilleur premier levé par
« le pescheur des espèces qui ensuyvent, assavoir :

« Des merlus, loubineaux, raies, gournauds, verdon ou
« roget, congre, hurte et turbot, et en prenant moy au dit
« nom ou mes gens un loubineau, merlus, raie et gour-
« naud ou l'une des d'espèces, je doibs et paie aux d'
« pescheurs 2 deniers, et pour chacun congre, hurte et
« turbot 12 deniers (¹).

« Item, pour chascun fardeau de congre sec et paré
« qui est cordé et emmené hors, 4 deniers (²).

« Pour chascune balle de laiñe descendue à terre,
« 2 deniers (³).

« Pour la vente de chascun vaisseau vendu au d'
« St-Gilles 4 deniers tournois payés par l'acquéreur sy
« mieux je ne veux prendre et retenir le d' vaisseau en
« rendant le prix qu'il a été acheté, en manière que
« c'est à mon option de prendre les d' quatre deniers
« pour la vente ou de retenir le dit vaisseau pour le dit
« prix vendu (³).

« Pour chascun lot de cuir m'est d'heu 8 deniers tour-
« nois ; pour chascun fardeau cordé soit de draps, langes,

(¹) En 1693, *le présent article se pratique et se paie.* (Note de
Me Jousbert.)

(²) Négligé. (*Id.*)

(³) Se pratique et se paie. *(Id.)*.

« peaux de moutons et touttes autres marchandises cor-
« dées 6 deniers ; pour chascun thonneau de vin, bled et
« avoine descendant au dit lieu de St-Gilles, 2 deniers
« maillé (¹).

« Et de chascun vaisseau venant au dit lieu de St-Gilles
« qui a batteau, 18 deniers tournois et pour chascun dit
« vaisseau qui n'a point de batteau 13 deniers (²).

« Pour chascun lit de plume amené au dit lieu de
« St-Gilles par mer et emmené hors pour exposer en
« vente, 16 deniers (³).

« Pour huict rondelles de harans estimées et apprestées
« par thonneaux, 2 deniers mailler. Et pour chascune
« charge de plume, 4 deniers (⁴).

« Et s'il advient quelque naufrage au dedans la rade,
« hâvre et rivière du dit St-Gilles, le droit m'appartient
« scellon les ordonnances et coustumes anciennes.

« Toutes lesquelles choses, etc..... »

La foire de la saint Barthélemy (24 août), autrefois la
grande fête de la contrée, est incontestablement très
ancienne ; nous en attribuons la fondation aux vicomtes
de Thouars, à l'époque de l'établissement, à Saint-Gilles,
de leur vieux *scel ès-contracts*.

La perception des droits de foire, de halle et de minage
constituait l'un des notables revenus de la châtellenie.

Droicts d'entrées pour les foires.

« De chascune charge de monture de toutes marchan-

(¹) Négligé *(Id.)*
(²) Se pratique et se paie. *(Id.)*
(³) Se pratique et se paie. *(Id.)*
(⁴) Négligé. *(Id.)*

« dises et denrées durant la huictaine des foires payent
« 12 deniers pendant les dites foires seullement.

« Pour chascune cherrette chargée 12 deniers pendant
« le dit temps seullement ; — pour chascune cherrette
« neufve entrant pour estre vendue, 12 deniers.

« Pour chascun cocheon 12 deniers en entrant en foires,
« et pour ceux qui se vendent entrant en le bourg, autres
« 12 deniers.

« Pour la place qu'occupe chacune cherrette estant en
« vente, 12 deniers et estant vendue et chargée pour em-
« porter hors, autres 12 deniers.

« Pour paire de ruelles à labourer qu'autres brouettes
« chargées pour être transportées hors, 12 deniers.

« Pour place qu'occupe chascun forestier vendant
« lattes, essende (essences), 5 sols.

« Pour celle qu'occupe chascun marchand vendant
« cercles, sabottiers, bastonniers, 12 deniers.

« Pour chascuns marchands cardeurs, cloustiers, ven-
« deurs de ferrement, fayenciers et pottiers, 5 sols chas-
« cuns.

« Pour chascun mercier et corroyeur hors la halle,
« 5 sols chascun.

« Pour chascun vendeur d'images, livres, qu'autres
« choses hors la dite halle, 5 sols.

« Pour la place de chascune pannetière vendant pain
« et chascun marchand vendant fruict, 12 deniers.

« Pour chascune charretée d'oignons, 12 deniers et
« pour la place, autres 12 deniers.

« Pour chascune place occupée par les chaudronniers,
« 12 deniers.

Droicts de halle.

« Pour chascun marchand occupant un estal dans le
« grand rang de la halle des deux côtés du d' grand rang
« et au milieu, 20 sols chascun.

« Pour chascune empoture qu'occupe chascun mar-
« chand dans le rang du Laict des deux côtés, 15 sols.

« Pour chascune empoture des deux bouts de la halle,
« 12 sols.

« Pour chascune empoture qu'occupent les chapelliers
« au rang de la Bourse, 10 sols.

« Pour chascune place de pintier, 10 sols.

« Pour chascune place occupée par les orfèvres, 5 sols.

« Pour chascun particulier vendant mesmes denrées
« en détail payent 2 deniers pendant les 8 jours de foire
« et les jours de marchés ordinaires.

« Pour droict d'aunage, de chascun marchand, 7 de-
« niers.

« Pour droict de mesure et ban à vin chaque cabarettier
« doit 15 sols et un quart de vin.

« Droict de minage à raison de 21 boisseaux de bled un
« pour tous les bleds qui se vendent et livrent pendant
« les jours de foire et les jours de marché ordinaires.

« Pour chascun millier de sardines qui s'arrangent
« soubs les halles et autres lieux, 6 deniers qui se payent
« par les voituriers qui les transportent avec montures.

« Pour les bleds amenés par marchands forains tant
« par mer que par terre livrés à autres marchands fo-
« rains et mesurés aud' St-Gilles, le minage tous les
« jours à la même raison que dessus comme le jour de
« marché ordinaire ; l'habitant n'estant subject aud' droit
« de minage que le jour de marché ord^re. Quoique ce

« dernier article ait été perceu cy-devant, il est à présent
« en conteste et y a instance pour cela, les marchands
« forains prétendant venir ici vendre leur bled tous les
« jours sans payer aucun droict et s'avisent de le vendre
« le jour du marché et de ne point livrer que le lende-
« main et par ce moyen prétendent ne debvoir rien et font
« perdre les droicts aussy bien que ceux qui vendent
« dans leurs greniers le jour du marché et livrent le
« mesme jour qui sont aussi reffusants de payer led'
« droict disant qu'il n'y a que le bled qui est audit mi-
« nage qui doibt et non celuy qui se vend dans le gre-
« nier, autre instance pour cela et qui ne se vide point.
« S'il est permis de vendre dans les greniers le jour du
« marché ord^{re} sans payer le droict, il ne s'en mettroit
« point en le minage et le tout seroit mis en grenier et
« les droicts perdus. Voilà à quoy aboutissent les gens
« mal intentionnés s'opiniastrant de plus en plus aussy
« bien que contre les autres droicts à quoy il est néces-
« saire de pourvoir, n'ayant aucuns tiltres de tous mais
« seullement l'usage et coutume de tout temps. » —
(Arch. de la Vendée.)

Le 26 juillet 1645, Mme de Maupeou autorisa l'établissement à Saint-Gilles d'un monastère de sainte Elisabeth
ou tiers-ordre de saint François (¹), fondé par Isabeau de
Veillon, dame de Beaulieu (²). La fondatrice bâtit le cou-
vent et fit en outre don de 6,500 livres à la maison (³).

Son fils, Nicolas Daniau, qui hérita du titre de seigneur
de Saint-Gilles, suivit la carrière paternelle et fut reçu

______

(¹) *Histoire des évêques de Luçon* (de la Fontenelle).

(²) Ancienne maison noble en la paroisse du Château-d'Olonne.
Mme Isabeau Veillon, veuve du sieur de Boutonne, est la même bienfaitrice qui établit aux Sables la confrérie du Saint-Sacrement.

(³) *Histoire des évêques de Luçon*, par M. de la Fontenelle. — Les
premières religieuses qui l'occupèrent, furent Jeanne Veillon, Renée
Duchaffault et Jeanne Râteau, professes de Fontenay-le-Comte, p. 478.

conseiller au Parlement le 26 janvier 1652 ([1]). Le 28 juin 1658, il épousa, avec dispense, Madeleine Choart, sa parente au quatrième degré ([2]), âgée de 29 ans, laquelle mourut à Paris, le 14 octobre 1674, et fut enterrée en l'église Saint-Gervais.

Dans son *Tableau du Parlement de Paris* ([3]), vers 1661, Conrart, nous a laissé de Nicolas Daniau un portrait assez curieux :

5ᵉ Chambre des Enquêtes, Messieurs les Conseillers.

DANIAU DE SAINT-GILLES

« Est d'esprit doux et de mœurs agréables, peu appliqué
« aux affaires du Palais, ayant un soin ni trop ardent ni
« trop remis des sciences particulières, de beaucoup de
« probité et de peu d'ambition, lent en ses actions, atta-
« ché à son domestique et ne voyant le grand monde
« qu'autant que l'obligation de la bienséance le peut per-
« mettre. Est parent de M. Fouquet, pour lequel il a de
« la déférence ([4]). »

Il ne s'occupa guère, on le voit, à l'exemple de ses ancêtres, que d'augmenter par d'utiles acquisitions l'importance territoriale de la seigneurie dont il tirait son titre de noblesse. Le 24 avril 1675, il acheta de messire François Taillefer de Montauzier de la Charoulière ([5]) :

1º Le fief au Chat, mouvant de la châtellenie de Saint-Gilles;

([1]) *Conseillers au Parlement de Paris*, par Chevillard.— Manuscrit.
([2]) P. Anselme. — *Généalogie des Choart.*
([3]) Ms de la Bibliothèque de l'Arsenal.
([4]) Ms.., *id*, p. 489.
([5]) Demeurant en son château des Châteigners, paroisse d'Apremont, et actuellement à Paris, rue Percée, en la maison de l'image Saint-Martin, paroisse Saint-Séverin. — Ce domaine lui appartenait en propre « comme héritier en partie de feu Mᵉ Jacques Taillefer de Montauzier, vivant, son père. »

2° Le vaste hôtel de la Charoulière, situé sur la place du Mai, *aliàs* le Barri, entre le prieuré, la rivière de Vie et la grand'rue qui va de la rivière au château (¹) ;

3° Un jardin, situé rue de la Cure, en fief du Bois (²) ;

4° Des marais salants dans le fief de Rié,

Moyennant *quatre mille livres tournois* (³).

Moins d'un mois après, ces biens étaient saisis par Jean Boislève, sergent royal, demeurant au lieu noble de Marmande, paroisse de Saint-Christophe-du-Ligneron, sur le refus fait par le seigneur de Saint-Gilles (⁴) de payer à Mᵒ Pierre Frémin, sieur de Châteaufort, 350 livres qu'il lui devait en vertu d'une promesse datée du 11 janvier de la même année. Cette procédure, fort longue, donne une idée curieuse et exacte d'une exécution de saisie immobilière, à cette époque, selon la *Coutume du Poitou*. Après quatre criées devant les portes des églises de Saint-Gilles et de Saint-Hilaire-de-Rié, et une autre criée *superhabondante*, les immeubles saisis furent adjugés, en la cour de Paris, à Mᵉ Marc Nézan, procureur, dernier enchérisseur, à raison de 4,000 livres, lequel déclara qu'il avait fait l'acquisition pour Monsieur de Saint-Gillles. Ayant acquitté sa dette à l'égard du sieur de Châteaufort, Nicolas Daniau obtint dispenses de consignation et des frais d'adjudication.

(¹) L'hôtel de la Charoulière, arrenté, au xviiiᵉ siècle, à M. Guerry de la Vergne de Saint-Révérend, l'un des déportés de Cayenne, sous le Directoire, servit d'asile à M. Bouhier de la Davière, curé de Saint-Gilles, quand il fut dépossédé de son presbytère, en 1792, pour refus de serment. Sur son emplacement, s'élève aujourd'hui la maison de Mˡˡᵉ Virginie Grolleau.

(²) Jardin actuel de l'ancienne maison Giron, aujourd'hui maison Chaillou.

(³) Archives particulières.

(⁴) *Id.*

En 1684 (¹), il contruisit, sur l'emplacement du petit
houstel de sa famille le château actuel. Aux abords de la
demeure seigneuriale, en souvenir peut-être du parc de
Versailles, il ouvrit une vaste et longue avenue quasi prin-
cière. C'est sous les majestueux ormeaux des *petites et des
grandes Allées*, aujourd'hui détruites, que plus tard la
population de Saint-Gilles, après y avoir célébré longtemps les processions de la Fête-Dieu, fut conviée aux
nombreuses saturnales de la Révolution.

Quoiqu'il dût administrer sa fortune avec un soin parci-
monieux, tout en tenant un certain rang dans la capi-
tale (²), Nicolas Daniau ne laissait pas d'être gêné par ses
acquisitions continues. Aussi, lorsqu'il mourut, en 1696 (³),
sa succession était obérée, et sur la part d'une de ses
filles, figure une somme de 1548 livres à payer chaque
année aux créanciers de M. de Saint-Gilles.

Notre conseiller au Parlement habitait à Paris rue des
Barres (⁴) l'ancien hôtel de Mᵐᵉ de Maupeou, sa mère. *Il
portait écartelé au 1 et 4 de gueules à trois croissants d'or,
posés 2, 1 qui est des Daniau, au 2 et 3 d'or à un chevron*

____

(¹). Date gravée au tympan de la fenêtre sud des mansardes.

(²) Les exploits sont remis tour à tour à son laquais Jasmin, à un
de ses laquais, Picard, à une servante « qui n'auroit pas voulu dire
son nom. » (Procédure Châteaufort mentionnée plus haut.)

(³) « Reçu 4 livres 6 sols pour le service célébré dans l'église de
« Saint-Gilles pour le repos de l'âme de feu M. de Saint-Gilles, janvier 1696. » (Archives de la Fabrique.)

(⁴) La *rue des Barres*, l'une des plus anciennes rues de Paris. En
1250, on l'appelait ruelle aux Moulins-des-Barres en raison des moulins situés sur la Seine, à l'endroit qu'on nommait les Barres. En
1270, rue des Moulins-du-Temple, les dits moulins appartenant aux
Templiers ; en 1362, rue qui va de la Seine à la porte Baudet. En 1386,
rue du Chevet-Saint-Gervais ; au xviᵉ siècle, dans la moitié de sa
longueur, c'était la rue Malivaux. Enfin, au xviiᵉ siècle, dans toute sa
longueur, c'était la *rue des Barres*.

d'azur accompagné de trois merlettes de sable, qui est des Choart (¹). (*Armorial du Poitou.*)

Il laissa trois enfants :

1º Catherine-Magdeleine Daniau de Saint-Gilles ;

2º Angélique-Charlotte.....

3º Nicolas-François-de-Sales Daniau de Saint-Gilles, lieutenant au régiment des gardes-françaises, qui à la mort de son père, devint seigneur de Saint-Gilles, demeurant à Paris, en son hôtel, rue et paroisse Saint-Louis, île Notre-Dame. En mai 1696, il visita ses domaines (²) et, par acte du 14 janvier 1697, partagea avec ses sœurs l'héritage de son père, en se réservant le château et les principaux fiefs qui en relevaient (³). Il mourut l'année suivante, 1668 (⁴) ; sa part accrut à ses deux sœurs qui la conservèrent indivise.

Catherine Daniau, l'aînée, dame de Saint-Gilles, avait épousé, vers 1689, Nicolas de la Brousse, seigneur de Vertillac, maréchal des camps et armées du Roi, gouverneur de Mons, et lieutenant du Roi en Périgord (⁵). Il fut tué en 1692 (⁶) à la bataille de Bossut (⁷), dans la magni-

---

(¹) La matrice du sceau de la famille Daniau a été trouvée dernièrement à Saint-Gilles dans des travaux de terrassement.

(²) Archives particulières. — « De présent en son château de Saint-Gilles. »

(³) *Id.*

(⁴) « Receu 5 livres du sieur François Jousbert pour ornements et luminaire fournis au service qu'il a fait faire en l'église de Saint-Gilles pour défunt monsʳ de Saint-Gilles. »

(⁵) *Armorial de* 1699. — Paris; vol. II.

(⁶) 1792. *Service funèbre pour feu M. de Vertillac, demandé par M. de la Bonnière.* (Comptes des fabriciens en charge,)

(⁷) *Après avoir mis en fuite les ennemis fut frappé de plusieurs coups mortels.* (Épitaphe du comte de Vertillac dans l'église des Jésuites de Mons.)

fique campagne du maréchal de Luxembourg, qui aboutit
à la victoire de Steinkerke.

En apprenant cette mort glorieuse, Louis XIV dit à la
veuve « qu'il avait perdu dans le comte de Vertillac le
« meilleur officier d'infanterie qu'il eut eu depuis le ma-
« réchal de Turenne (1). » Le tombeau de Nicolas de la
Brousse se voit encore dans l'église des Jésuites de
Mons.

Mme de Saint-Gilles avait eu deux enfants de ce mariage : l'un, Thibaut de la Brousse, mort le 4 janvier 1725,
l'autre, Madeleine-Marie-Angélique de la Brousse de Vertillac, qui succédera à son titre et à ses biens (2). Après
huit années de veuvage employées à l'éducation de sa
fille, elle se remaria, vers 1700, à messire Jean-Louis de
Hautefort, comte de Baussens, maréchal des armées du
Roi et gouverneur de Saint-Mâlo (3).

Le 26 juin 1701, dame Catherine-Madeleine Daniau de
Saint-Gilles, épouse non commune en biens du comte de
Hautefort, et demeurant à Paris, rue Saint-Louis, île
Notre-Dame, afferme à dame Rachel Collinet, veuve de
Me Jacques Servanteau, bourgeois de Saint-Gilles, et à son
fils, de concert avec sa sœur Angélique-Charlotte Daniau,
fille majeure, *jouissante de ses droits* (4), la part indivise
qui revenait de leur frère, et comprenant :

« La terre et seigneurie de Saint-Gilles, le fief du Prieur
« y annexé, la seigneurie de la Cour-Rouge, la maison
« noble du Bois et fief des Vavasseurs, les fiefs Callais,
« l'Humeau, Grande et Petite-Martellières, la mestairie de

(1) *Vie du comte de Vertillac*. Avignon, 1725.

(2) *Mercure de France*, décembre 1751.

(3) *Mercure de France* et Archives de la Fabrique. M. de Hautefort
était également veuf ; il mourut le 7 mars 1743.

(4) En 1713, nous la trouvons mariée à messire Louis de Launay,
chevalier. (Minute en l'étude du notaire de Saint-Gilles.)

« Cantinière, le réservoir de poisson de mer étant au bas
« des prés de la Cour-Rouge, les marais-salants et les
« prés en l'île de Rié, ensemble les droits de four banal,
« de halle et de minage, de mesurage, d'aunage, d'impôts
« et bans à vin dans tout le bourg de Saint-Gilles, les
« jours de foire, droit de grave et retenue de poisson de
« mer, ancrage et abord de vaisseaux, tous les cens,
« rentes et debvoirs féodaux, etc., le moulin de destroit,
« appelé le Grand-Moulin, les rentes dues sur tous les
« autres moulins qui font farine tant au bourg que pa-
« roisse de Saint-Gilles, et tous les autres droits généra-
« lement quelconques dépendant de la seigneurie acquise
« par feu M. de Saint-Gilles, père du sieur de la Char-
« roullière, avec les fiefs au Chat et du Cimetière, et gé-
« néralement tout ce qui appartenait à défunt Mre Nico-
« las-François-de-Sales Daniau, chevalier, seigneur de
« Saint-Gilles.

« Le présent bail est fait moyennant le prix et somme
« de trois mille trois cents livres de ferme et loyer pour
« chacune année. Outre le dit prix de ferme, il est spé-
« cifié que les preneurs seront tenus d'envoyer, *chacune*
« *année d'iceluy bail* à Mesdames de Saint-Gilles, en la
« ville de Paris, francs et quittes de tout port et droits,
« sauf les droits d'entrée, *quatre barils de vin d'Espaigne*
« *de six pintes chacun,* mesure de Nantes. *Item,* s'obli-
« gent aussi les mêmes preneurs de payer à la descharge
« des dites dame et damoiselle la rente annuelle de vingt
« boisseaux de froment, mesure de Saint-Gilles, due
« par les seigneurs du château au curé du dit Saint-
« Gilles (1). »

L'énumération des différents fiefs compris dans le bail
des Servanteau témoigne que si la succession de Nicolas

(1) Archives particulières. — Le bail était passé à Paris où les preneurs étaient logés, *rue de la Harpe, à l'image Saint-Eustache.*

Daniau était obérée, il avait du moins fini de réaliser le rêve de ses ancêtres : les biens de toutes les maisons nobles de Saint-Gilles étaient désormais réunis et annexés au *domaine utile* de la châtellenie.

Par un autre acte de ferme passé à la même date, on voit que Mlle Angélique-Charlotte Daniau possédait en propre les métairies de la Tisonnière, de la Grande-Cheminée, la Noue, Foulet et les Acharts, des marais salants au quartier de la Motte à Croix-de-Vie et des rentes nobles dues par plusieurs particuliers de la Chapelle-Hermier, Saint-Maixent, Apremont et autres lieux circonvoisins ([1]).

Catherine Daniau mourut le 4 février 1731 ([2]). Sa fille, Marie-Madeleine, son unique héritière, avait épousé, le 16 novembre 1727, son cousin germain, Thibaud de la Brousse, comte de Vertillac, grand sénéchal et gouverneur de Périgord ([3]).

Mlle de Vertillac, orpheline très jeune, nous l'avons vu, avait reçu, entre les mains d'une mère, *d'un mérite distingué* ([4]), une éducation brillante, connaissait le latin, l'italien peut-être, et, s'il faut en croire un de ses admirateurs, possédait sur toutes choses, même sur les sciences, des idées très exactes. Avant de se marier, ce qu'elle fit assez tard, à 36 ans, elle avait parfaitement établi sa réputation de femme savante, dans la meilleure acception du mot.

« Elle avait reçu, dit l'un de ses contemporains, de si « heureuses dispositions de la nature qu'il fut fort aisé à « ceux qui l'élevèrent d'en faire quelque chose de surpre-

---

([1]) Partage de 1697.
([2]) *Mercure de France*, décembre 1751.
([3]) *Mercure, loc. cit.* et Archives de la Vendée.
([4]) *Mercure*, id.

« nant. Née avec un fond de curiosité inépuisable, une
« netteté d'esprit et une profondeur singulière, elle crut
« que la connaissance de toutes les sciences et de tous
« les arts était du ressort de ceux qui se proposaient de
« cultiver leur esprit. Elle chercha toute sa vie à faire
« connaissance avec les artistes célèbres et les savants
« illustres, et elle leur donna plus d'une fois de l'étonne-
« ment de l'étendue de ses connaissances. On en a vu
« souvent convenir qu'elle leur avait appris des détails
« sur leur profession qu'ils avaient ignorés jusqu'alors :
« plusieurs gens de lettres lui ont lu leurs ouvrages avant
« que de les donner au public, et ont avoué qu'on ne pou-
« vait pas faire des remarques plus judicieuses (¹). »

Dès 1719, Mlle Lhéritier, *fille savante et vertueuse*, lui
dédia les *Caprices du Destin*, en vers empreints de la
banalité précieuse de l'époque ; et, en 1732, le même auteur lui fit hommage de sa traduction en vers des *Épîtres
héroïques d'Horace* (²).

Vers 1741, la châtelaine de Saint-Gilles se lia fort étroi-
tement avec le marquis de Maffei, celui que Voltaire sur-
nomma le Sophocle Véronais. C'était, à la vérité, un

(¹) Lettre datée du 1er décembre 1751 au *Mercure de France.*

(²) Cette seconde dédicace est un spécimen du faire poétique de
Mlle Lhéritier :

Aimable et savante comtesse,
Que vous auriez brillé dans Rome et dans la Grèce
Par ce goût fin et ce rare savoir,
Qu'en tous les temps vous faites voir.
Athènes ni la cour d'Auguste
N'ont jamais vu d'esprit plus éclairé, plus juste,
Et tous ces hommes excellents,
Dont elles admiraient les sublimes talents,
Eussent été charmés si vos doctes suffrages
Eussent couronné leurs ouvrages.

(Préface des *Épîtres héroïques*).

homme illustre ; il lui dédia la belle édition de sa *Mérope* et disait d'elle que, dans l'Italie entière, où il y a beaucoup de femmes de mérite, il n'y en avait pas une qui pût lui être comparée.

Notre comtesse écrivait aussi avec la plus grande élégance. Nous n'avons pu retrouver d'elle la lettre que M. Remond de Saint-Mars fit imprimer, « dans laquelle « on voit qu'elle avait fait les réflexions les plus fines et « les plus délicates sur les nuances qui peuvent le plus « contribuer à l'agrément du style. »

« Le public, continue le *Mercure*, serait plus à portée « de connaître son mérite littéraire, si sa modestie n'eut « pas été supérieure à ses talents. Quelques-uns de ses « amis ont vu qu'elle faisait de très jolis vers, mais elle « ne permettait pas qu'on en prit des copies ; elle faisait « même tout ce qui dépendait d'elle, sans blesser ouver-« tement la vérité, pour laisser croire qu'elle n'en était « pas l'auteur. On sait qu'elle a composé plusieurs petits « ouvrages, écrits avec autant de solidité que d'agré-« ment ; mais elle ne les a fait voir qu'à un très petit « nombre d'amis, et toujours à condition que ce serait un « mystère pour le public. »

Ce fut avec Desforges-Maillard, poète breton, que Mme de Vertillac entretint les relations les plus suivies. Dans la préface de ses œuvres, Desforges raconte comment il fit rencontre de la comtesse dans la diligence de Bretagne, et avec quelle érudition scripturaire elle se moqua de sa vanité de poète.

« Après un long silence, un jeune homme au teint « jaune et amaigri, qui n'annonçait point une santé par-« faite, lâcha quelques paroles, et la suite de son discours « fit comprendre à la comtesse qu'il se mêlait de versi-« fier. Elle le pressa par beaucoup de compliments de « lui faire part de quelques-unes de ses productions. Notre « poète se fit longtemps prier : Madame, lui dit-il, je vais,

« sous le secret (et vous savez combien il est indécent à
« un gentilhomme de se donner pour auteur), vous ré-
« galer d'une petite pièce de vers que j'ai composée moi-
« même sur ma dernière maladie :

> « Dans le temps de la vendange,
> « Je fus presque vendangé,
> « Et mon teint couleur d'orange
> « En est encore tout changé.

« La comtesse ne put s'empêcher de rire à ce début.
« Elle voulut s'en excuser sur le plaisir que lui avait causé
« sa pensée aussi jolie en elle-même qu'elle lui paraissait
« élégamment exprimée ; et comme elle savait du latin :
« Monsieur, ajouta-t-elle, vous aviez sans doute dans l'es-
« prit, quand vous avez rimé un exorde aussi pathétique,
« ce bel endroit des Lamentations du prophète Jérémie :
« *Vindemia e⋅s sicut vindemiasti me ?* Pour moi, je suis
« fort étonnée de l'adresse avec laquelle vous avez ras-
« semblé tout *'ithos* et le *pathos* en si peu de paroles. »

« Le rimeur demeura déconcerté par cette érudition
« qu'il ne s'expliquait guère, et à laquelle il ne s'attendait
« pas de la part d'une dame, et ne jugeant pas que les
« louanges fussent de bonne foi, il lui répondit quelque
« chose d'assez plat, et s'enveloppa dans son premier
« silence qui dura tout le reste du voyage. » — *Œuvres
de Desforges-Maillard*. Préface, p. 42.

Son mari ayant été nommé gouverneur du château de
Dourdans, elle se fixa aux environs de cette ville, vers
1739. Mme de Saint-Gilles eut l'attention d'informer Desforges de sa nouvelle résidence :

« **A Dourdans, ce 2 septembre 1739.**

« Me voilà campagnarde, Monsieur. J'ai acheté ici une
« maison où j'habite une partie de la belle saison, tenant

« à la ville de Dourdans, me promenant sur les bords de
« la rivière d'Orge qui y passe, m'affectionnant pour l'une
« et l'autre, et en attendant de vous quelques morceaux
« de poésie qui les célèbrent.

« Autre sujet. J'ai fait un tableau de découpures pour
« lequel il me faut une inscription au plus de quatre vers.
« Il s'agit d'un paysage riant où, par un clair de lune,
« il vient un grand drôle avec un flambeau et un filet à
« prendre des oiseaux, mais dans lequel il ne tombe que
« des papillons. Voyez ce que vous avez à tirer de cet
« emblème. »

Le poète, on le devine, eut la complaisance de trouver
l'œuvre de la comtesse d'*une invention rare et curieuse*.
Sa verve intarissable s'empressa de façonner plusieurs
devises, mais Mme de Saint-Gilles n'était jamais satisfaite
et dut mettre à la torture poétique le rimailleur du
Croisic. Mettant à contribution tout ce que son esprit
possédait de sel et d'originalité, il proposa jusqu'à douze
variantes : sa muse empressée vocalise en français et en
latin, sur tous les tons, voire jusqu'à la note funèbre,
pour soupirer bientôt une idylle légère et galante. Si bien
qu'essoufflé et à bout de verve, notre poète se lassa de ce
purisme littéraire ou plutôt de tant d'exigences féminines :

« Maillard est l'oiseleur qui prend des papillons,
« Croyant que dans ses rets les oiseaux s'allaient rendre ;
« Les grands, au lieu des biens qu'il en devait attendre,
« D'espérance et de vent ont payé ses doux sons.

« Je serais fort honoré, Madame, si de ces différentes
manières de tourner le sens de votre emblème, il y en
avait une qui pût vous plaire... »

Notre poète ne garda pas rancune. Ce travail accessoire
lui permit encore de dédier à la savante châtelaine de

Saint-Gilles sa pièce des *Hirondelles* et de composer, en l'honneur de M. de Vertillac, qui avait eu un cheval tué sous lui dans quelque bataille, un pompeux sonnet dans lequel il le compare à Alexandre, le comte étant de petite taille aussi. *Ingentes animos angusto in corpore versant !*

Une fièvre quarte suivie d'une fièvre maligne, la mit au tombeau le 21 octobre 1751.

Le *Mercure de France,* janvier 1752, publiait l'éloge funèbre de la savante ; son mérite littéraire, que nous avons raconté, n'était rien, paraît-il, comparé à ses vertus.

« Son cœur n'était pas moins admirable que son esprit ;
« on n'a jamais porté plus loin le désir d'obliger ; elle
« n'était occupée qu'à diminuer le mérite de la reconnais-
« sance et par cette raison même, elle l'augmentait. Elle
« regardait le monde entier comme une société de frères
« qui ne devaient être occupés qu'à se rendre service
« mutuellement, et elle agissait en conséquence ; jamais
« elle n'a différé une occasion d'être utile, et l'on peut
« dire d'elle, avec vérité, qu'elle n'a jamais perdu un jour
« de sa vie. On ne pouvait la voir sans désirer d'avoir
« part à son amitié ; aussi acquérait-elle tous les jours de
« nouveaux amis, et, ce qu'il y a de rare, ce n'était ja-
« mais au dépens des anciennes amitiés que ces acquisi-
« tions se faisaient. Il est surprenant combien, par ses
« avis et par ses leçons les plus efficaces, elle a favorisé
« de talents naissants que, sans elle, l'indigence aurait
« étouffés ; mais elle avait grand soin de prendre les plus
« grandes précautions pour que ses bonnes actions fussent
« ignorées : sa modestie a souvent été trahie innocem-
« ment par la reconnaissance de quelques-uns qui ont
« mieux aimé être indiscrets qu'ingrats.

« Une égalité constante, que l'on peut regarder comme
« le propre caractère de la sagesse, rendait sa société dé-

« licieuse ; toutes les fois que ses amis la revoyaient, elle
« sentait et leur communiquait cette joie douce et char-
« mante qui aurait réchauffé leurs sentiments, s'ils en
« eussent eu besoin ; ce n'était jamais qu'avec peine
« qu'on se séparait d'elle ; on ne s'en consolait que dans
« l'espérance de la revoir avec un nouveau plaisir parce
« qu'on était toujours sûr de trouver chez elle l'esprit
« uni à la vertu.

« Une si digne femme devait être pleurée amèrement
« de tous ses amis ; aussi, il n'en est point qui n'ait dit
« du fond de son cœur :

> *Quis desiderio sit pudor aut modus*
> *Tàm rari capitis*
> *Quando ullam invenient parem.* »

(Horace.)

Voilà bien la phraséologie humanitaire du xviiie siècle,
préconisant la vertu purement païenne ; et on sait ce
que valait la vertu dans les années de la Régence !...
Heureuse comtesse, puisse le souffle de la charité prise
dans le sens chrétien avoir surnaturalisé tant de mérites
que vos contemporains exaltèrent à l'envi !

Mme de Vertillac laissait un fils unique, gouverneur et
grand sénéchal du Périgord et capitaine de cavalerie dans
le régiment de Penthièvre.

Cédant aux instances de sa parente, dame Catherine-
Thérèse Damour, qui avait épousé Mre Jean Piou de
Nanteau, elle lui vendit, quelques années avant sa mort,
les châtellenie et terre de Saint-Gilles (¹).

Le nouveau seigneur habitait Nantes, paroisse Saint-

______

(¹) Archives particulières.

Nicolas. Il eut, lui aussi, des relations d'amitié avec Des-
forges-Maillard : « Je comptais, écrivait Bertrand de
« Nantes, avoir aujourd'hui Desforges à dîner ; M. de
« Saint-Gilles a eu la préférence (¹). »

Homme intègre et ne transigeant point avec le devoir,
M. Piou répondit, un jour, sur un ton plus que sévère à
un jeune tabellion postulant. Celui-ci, pour mériter de sa
bienveillance, avait osé, en lui demandant des lettres de
notaire, lui envoyer l'humble présent de deux superbes plu-
viers (²). Le pauvre clerc dut se convaincre que M. de Saint-
Gilles possédait son Virgile et n'avait pas oublié le clas-
sique : *Timeo Danaos et dona ferentes !*

M. Piou avait consenti la ferme de son domaine à
M. Lorteau, fils, plus tard sénéchal et enfin ordonné prê-
tre et mort prieur de Saint-Gilles. Les états du terrage de
la châtellenie, en 1754, portent que le fermier, pour ce
seul revenu féodal, recueillait plus de onze cents gerbes
de froment (³).

Le seigneur de Saint-Gilles était secrétaire du Roi en
la grande chancellerie. Les revenus de ses terres et les
émoluments de sa charge lui permirent d'acheter, en
1766, la seigneurie de Frossay et ses dépendances, y
compris tous les droits de haut-justicier, ceux de fonda-
teur et de seul et unique patron de l'église paroissiale. Le
château de la Rousselière, près du bourg, était la maison
seigneuriale de Frossay. D'après l'*Armorial de Bretagne*,
1699 (⁴), Jean Piou portait *d'azur à un roi d'échec accosté*

(¹) *Revue des prov. de l'Ouest.* VI, p. 216.

(²) Papiers Delidon.

(³) *Archives particulières.* — Document intéressant où figurent les
parcelles et les tennements des différents fiefs avec le droit de terrage
auquel ils sont imposés.

(⁴) *Dictionnaire historique et géographique de la province de Bretagne,* par Ogée, ingénieur géographe. T. II, p. 483.

de 6 pions d'argent. Sur son cachet, apposé sur plusieurs provisions de notaire, on voit, au contraire, sur champ, *un arbre chargé de fruits, accosté de deux étoiles.*

La veuve de M. Piou, Mme Catherine-Thérèse Damour, était, en 1773, tutrice honoraire de Louis-Gabriel Piou, seigneur de Saint-Gilles, Nanteau et autres lieux, son fils. Elle habitait en son hôtel, à Paris, quai des Théatins. Mme Damour fut la bienfaitrice insigne de Saint-Gilles. Le 24 juillet de 1777, par acte passé devant Me Boulard et son confrère, notaires au Châtelet de Paris, Mme de Saint-Gilles fit une fondation de *onze cents livres de rente destinées à être distribuées, chaque année, dans les mois d'hiver, aux familles les plus nécessiteuses de la paroisse par les mains du curé sur un billet signé par le syndic.*

Après différents transports, le capital de cette rente fut placé sur les gabelles. L'œuvre de la bonne châtelaine, inaugurée le 1er novembre 1777, fonctionna avec régularité, au milieu des bénédictions des pauvres, jusqu'aux premiers jours de mars 1793 ([1]). Nous le demandons avec larmes à la Révolution : que sont devenues ces ressources précieuses ? où est-il ce dépôt sacré, le pain d'hiver de nos infirmes, des veuves et des orphelins : *deposita… victualia viduarum et pupillorum ?*

La pieuse bienfaitrice de nos pauvres, l'année qui suivit sa charitable fondation, eut la douleur de perdre son fils unique. Dès que cette nouvelle fut connue dans Saint-Gilles, la cloche convoqua les habitants en assemblée de paroisse et ils prirent la délibération suivante :

« Le dimanche 8 novembre 1778, nous curé, marguil-
« liers, syndic et habitans assemblés en la manière accou-
« tumée, ayant été instruits de la mort de Monsieur Louis-
« Gabriel Piou de Saint-Gilles, seigneur de ce lieu, avons

([1]) *Registre des distributions mensuelles de la rente de Mme de Saint-Gilles,* faites par le curé et le syndic de la paroisse.

« délibéré de marquer à Madame de Saint-Gilles, sa
« mère, notre sensibilité à sa douleur et à la perte que
« nous faisons nous-mêmes ; pour cet effet, nous avons
« tous unanimement prié Monsieur le Curé de vouloir
« bien lui écrire et lui peindre nos sentiments de sen-
« sibilité et de reconnaissance (¹). »

Elle survécut jusqu'en 1782.

En 1781, les officiers de justice de la châtellenie eurent
à intervenir à l'occasion des désordres que, tous les ans,
provoquaient, à Saint-Gilles, les fêtes de la plantation du
mai dans les derniers jours d'avril. Les jeunes gens, dits
bacheliers, y renchérissaient dans ces jours de licence,
souvenirs des anciennes fêtes païennes, sur les célèbres
basochiens de Paris.

Ils couraient à la grève, s'y emparaient de plusieurs
mâts de navires ; leur mai une fois préparé sur la place
du Barri et laissé sous bonne garde, ils se promenaient
dans les rues, tambour battant, la cocarde au chapeau, le
fusil sur l'épaule, distribuant des bouquets, demandant
de l'argent ; allaient, la nuit du dernier avril, à la métairie
de la Revraye où le colon était mis à contribution ; et
après avoir ravagé la campagne pour se procurer des
rameaux, les venaient planter nuitamment aux portes
des maisons. Dans la journée du 1ᵉʳ mai, à l'aide quelque-
fois de deux cents personnes, ils *emplantaient* leur mât
fleuri, long de 60 à 80 pieds. Aussitôt, à l'appel de la
caisse, toutes les filles de la classe des *bacheliers* accou-
raient à la place du Barri, et les danses commençaient
autour du mai. Pendant les fêtes, qui duraient souvent
huit jours, les bacheliers s'arrogeaient les droits *de
havage, halage, minage, de marché*, faisant argent à
quelque prix que ce fût, et au besoin à main armée.

(¹) *Registre des distributions mensuelles de la rente de M*ᵐᵉ *de
Saint-Gilles,* faites par le curé et le syndic de la paroisse.

Malgré les excommunications de l'évêque du diocèse, Mgr de Barrillon (1), malgré les arrêts du Parlement du 1er juin 1779 , ces excès se produisirent encore au printemps de 1782. M. Hilaire Giron, procureur fiscal, dut adresser, contre les bacheliers qui lui résistèrent avec opiniâtreté, une *remonstrance* au sénéchal de Saint-Gilles, Me André Goujard :

« Depuis que le remonstrant a l'honneur de remplir
« les fonctions du ministere public en cette juridiction,
« il n'a cessé de gémir sur les desordres de ces assem-
« blées tumultueuses, il a aporté tous ses soins pour y
« remédier, mais pour soposer a une populace dont l'ha-
« bitude avoit echauffé le cerveau au point de se croire
« en droit de tuer tout ce qui soposeroit a sa licence et
« qui sarmoit toujours a cet effet, il n'avoit que son zele
« pour le bon ordre sans force pour le seconder.

« La cour du parlement dont l'œil attentif ne se borne
« pas sur la police de la capitalle mais aussi sur celle de
« tout le royaume a proscrit toutes les assemblées et
« fètes Baladoires de la nature de celle qui se tient ici
« pour la Bachelerie.

« Au mépris de cette loix toute nouvelle, conformes
« aux anciennes, plusieurs *quidams* de cette ville se sont
« ingerré de sassembler le vingt huit avril dernier aux
« neuf heures du soir sur la place du Baril pour y abatre
« lancien may. Le remontrant en ayant eté informé par
« plusieurs voisins qui lui en porterent leurs plaintes
« dictées par la crainte que leurs maisnos fussent écra-
« sées, si les cinq particuliers occupés a demonter le
« may continuoient de le faire nuitament attendu quil

(1) Art. 8. Défendons pareillement, sous peine d'excommunication aux mêmes paroissiens, de faire aucunes danses publiques le jour et feste de saint Jacques et saint Philippe. (Ordonnance de visite de Mgr de Barillon, 1676.)

« falloit au moins cinquante personnes de forces pour
« diriger la chute, il sy transporta aussitot, fit deffense
« de jetter le may, ordonna aux pretendus Bacheliers de
« se retirer en leur representant que ces assemblées
« etoient proscrites par la cour ; ils se retirerent après
« bien des mumures, mais le landemain dimanche ils
« sassemblerent de nouveau avec tambour drapeaux et
« fusils, engagerent plusieurs personnes a leur donner
« la main pour demonter le may, les voisins sy prêterent
« par la crainte de voir leurs maisons ecrasées de sorte
« que le may fut descendu sans accident mais cassé en-
« viron de dix pieds vers l'emplanture, le remontrant sy
« transporta de nouveaux representa aux Bacheliers leurs
« torts, et les peines auxquelles ils s'exposoient, ils se
« retirerent encore et laisserent la place libre. Ce fut
« dans cet instant que le remontrant crut devoir faire
« afficher de nouveau l'arrest du premier juin 1779 non
« seullement au lieu ordinaire mais encore a la place du
« Baril. Le reste de la journée les Bacheliers furent tran-
« quilles mais le soir et la nuit suivante toute la ville fut
« troublée par le bruit des tambours des chansons et des
« danses, et a environ minuit les Bacheliers volerent
« sous les halles de ce lieu un mat de trente cinq pieds
« de longueur, ils le scierent nuitament sur la place du
« Baril pour en mettre environ vingt pieds de longueur à
« allonger leur may, ce qui ne put se faire qu'avec beau-
« coup de bruit et par consequent en troublant le repos
« public.

« Le landemain lundy trente avril plusieurs personnes
« setant plaintes d'avoir eté troublees par les Bacheliers
« dans leurs repos, le remontrant se transporta encore
« sur la place, il ny trouva aucun des Bacheliers mais
« seulement le nouveau may prêt à planter, aussitôt le
« remontrant commenda deux portes-faix de venir avec
« une scie et un bouvier avec sa charette et ses beufs, et

« apres sestre revetu de sa robe il descendit sur la place
« du Baril fit scier le may en plusieurs pieces pour en
« faciliter le charois, remit les mats, ou ce qui en restoit,
« a qui on les avoit enlevé et qui les reclamerent, les fît
« conduire chez eux et fit boucher le trou fait au milieu
« de la place pour servir d'amplanture et tout vestige de
« may disparurent a ce moyen.

« Les pretendus Bacheliers souflés par des esprits
« echauffés ennemis du bon ordre sassemblerent de nou-
« veaux la nuit suivante, avec tambour, drapeau et fusils
« faisant leur tapage ordinaire dans les rues et le lande-
« main il se trouva sur la meme place un petit mat dis-
« posé a former un nouveau may, et prest a planter mais
« beaucoup moins grand que le may ordinaire, sans doute
« que les Bacheliers n'avoient pas trouvés de quoi mieux
« signaler leurs pillages.

« Le remontrant qui avoit eté informé que la troupe
« séditieuse se voyant soutenue par des esprits inquiets
« avoit formé le projet de resister par la force et les
« armes pour empescher l'enlevement du nouveau may,
« se determina a demender une garde de quatre fusiliers
« canoniers garde cotes occupés le même jour en cette
« ville a faire le tirage au sort pour des remplacements
« de canoniers garde côtes. L'officier commendant ayant
« bien voulu accorder cette garde pour une heure le
« remontrant se disposa a faire enlever le nouveau may
« et a faire emprisonner les pretendus Bacheliers armés
« de fusils mais ceux cy en ayant eté informés par leurs
« adhérents, ils enleverent eux-même le may et disparu-
« rent encore une fois ; de sorte que le remontrant se
« borna a faire boucher pour la seconde fois le trou fait
« en terre pour l'amplanture du may par des journaliers
« soutenus de la garde des canoniers garde côtes. Tout
« vestige de may disparurent une seconde fois, mais la
« nuit suivante c'est à dire la nuit dernière, les mêmes

« perturbateurs du repos public coururent les rües tam-
« bour battant, et le matin de ce jour il sest trouvé au
« lieu ordinaire un may planté ayant environ vingt pieds
« de haut actuellement existant sur la place du Baril.

« Cette opiniatreté de la part des pretendus Bacheliers
« est une resistance a la justice qui paroit excitee comme
« on la dit par des esprits inquiets ennemis du bon ordre,
« mais qui nosent se montrer eux-mêmes, elle est un
« attentat a l'autorité des loix, et a celle du parlement
« toujours occupé de la tranquilité publique et de la pros-
« cription des abus qui y porteroient atteinte.

« *Signé* GIRON. p^r. f^l. »

Nos anciens *bacheliers*, « la flor de France et la bachelerie, » transformés en 1790 en *volontaires nationaux*, se
crurent de taille, apparemment pour témoigner de leur
ardeur belliqueuse, à rétablir la célèbre plantation du
mai abolie par l'intolérance de l'ancien régime. La municipalité rejeta énergiquement leur requête. M. Julien
Merland, procureur de la commune, éconduisit les solli-
citeurs, leur signifiant qu'il saurait prendre des mesures
pour faire respecter l'arrêt du Parlement et que, de concert avec les officiers de police, il s'opposerait à la plantation du mai.

Mais bientôt 93 arriva ; l'arbre de la liberté remplaça le
mât fleuri, et, sur la place du mai, bacheliers et bache-
lières d'autrefois accoururent reprendre leurs folies et
leurs danses nocturnes. L'usage séculaire traversa la
Révolution et l'Empire, et plus haut, plus fleuri que jadis,
le mai se dressait encore en 1815 sur la place du Barri.

Après la mort de Mme Damour, les héritiers collatéraux
de son fils voulurent vendre la seigneurie de Saint-Gilles.
Les habitants l'ayant appris, et les principaux d'entre eux
s'étant présentés devant les notaires de la châtéllenie, dé-
cidèrent d'écrire au marquis de Vertillac, le fils de la cé-

lèbre comtesse, et au prince de Revel, son gendre, pour les prier de rentrer eux-mêmes dans la propriété de cette terre (¹). Ils exposent « qu'ils sont pénétrés d'attachement « et de reconnaissance pour l'illustre famille de feue ma- « dame la comtesse de Vertillac, dont la feue dame de « Saint-Gilles, leur bienfaitrice, était la proche parente ; « qu'ils habitent depuis longtemps une terre possédée « par des seigneurs dont l'œil attentif a vue sur les be- « soins de leurs vassaux et qui en font plutôt l'objet de « leurs recherches que celui des droits de leurs fiefs; que « la conservation de la terre de Saint-Gilles continuerait « aux habitants le bonheur de relever des mêmes sei- « gneurs, et à ceux-ci la douce influence qu'ils avaient « sur leurs vassaux ; que c'est le seul moyen d'adou- « cir les amertumes où se trouvent plongés leurs cœurs « reconnaissants par le décès de Mᵐᵉ de Saint-Gilles. »

M. de Vertillac (²) ne fit point droit à cette prière, car les *Affiches du Poitou*, de 1785, portent : « A vendre la seigneurie de Saint-Gilles... d'un revenu de sept mille livres. » Le 2 juillet de la même année, messire Robert-Joseph-Marie Cahouet de Marolles, chevalier, seigneur de Neuvy en Beauce, du Gamereau et autres lieux, ci-devant

______

(¹) Minute des notaires de Saint-Gilles.

(²) M. de Vertillac conserva ses autres domaines du Poitou : « 1788. — Compte de la régie de la terre de Chaillé, paroisse de Melle, appartenant à M. de Vertillac et à la princesse de Revel. » (Archives des Deux-Sèvres.) — M. de la Fontenelle de Vaudoré, dans son *Hist. des Év. de Luçon.* parle plusieurs fois de son ami M. le marquis de Vertillac, conseiller général de la Vienne. — Le 10 janvier 1877, en l'église de Saint-François-Xavier, à Paris, plusieurs cloches étaient bénites, la première portant cette inscription :

« Je m'appelle *Augustine-Herminie.* Mon parrain a été César-Au- « guste de la Brousse de Vertillac, président de la Fabrique de Saint- « François-Xavier, et ma marraine Herminie de la Brousse de Ver- « tillac, vicomtesse de la Rochefoucauld, duchesse de Doudeauville, « douairière. »

premier lieutenant de chevau-légers, lieutenant des maréchaux de France, au département d'Orléans, demeurant à Orléans, rue du Bœuf, paroisse Saint-Paterne, acheta sur licitation la châtellenie de Saint-Gilles, en qualité de mari et procureur de droit de dame Aimée Merland de la Guibloterie, qui en était héritière pour partie.

Le nouveau seigneur, accompagné de sa famille, vint, au mois de juillet de cette année, visiter sa terre de Saint-Gilles. Les habitants, dans une pièce de vers, lui présentèrent leurs hommages et leurs souhaits de bienvenue. Le lendemain, des couplets satiriques et méchants, mais, à vrai dire, de facture plus aisée, étaient colportés en ville(¹) : les impertinents lazzis n'y étaient pas épargnés au nouveau châtelain. M. de Marolles dût se convaincre que les idées nouvelles comptaient des partisans à Saint-Gilles. La Révolution s'avançait menaçante... Les revenus de sa terre, que M. de Saint-Gilles portait en moyenne à sept mille livres dans un acte passé, avant son départ, avec M. Giron, son régisseur, allaient être bientôt considérablement amoindris. Quelques années après, M. de Marolles gémissait, dans une lettre à son receveur, sur la perte de son terrage et de ses rentes féodales. Quoique porté sur la liste des émigrés, M. de Marolles n'émigra pas. Des certificats de résidence lui conservèrent son château et son domaine de Saint-Gilles.

Excédés d'ennuis par suite des luttes incessantes qu'il leur fallait soutenir avec la municipalité de Saint-Gilles à l'occasion de l'étang et de certaines dépendances du château, M. de Marolles père et son fils consentirent la vente de leur ancienne propriété seigneuriale à M. Cibot, négociant à Nantes, moyennant le prix de 190 mille livres,

---

(¹) L'auteur de cette boutade était Émery Gratton, rimailleur de Saint-Gilles, qui venait de publier un recueil de poésies légères ; plus tard commandant des volontaires de la Vendée.

dont 11 mille pour la halle, le 20 août 1834. Le château passa, quelque temps après, aux mains de l'honorable famille de Bourgues.

La maison de Marolles est restée en haute estime dans la population de Saint-Gilles. L'un de ses membres est aujourd'hui, à Paris, l'apôtre zélé des œuvres ouvrières. Le nom de Marolles, qui figure avec honneur au *Livre d'or* de la ville d'Orléans, vient de se couvrir de gloire dans la récente campagne du Tonkin.